**BEGE-RDC**

Guide pratique de prévention

# PLAN FAMILIAL DE PREPARATION AUX RISQUES MAJEURS

# Plan familial de Préparation aux risques majeurs

Publié en Juillet 2020 par le Bureau d'Etude Géologique et Environnementale en RDC (BEGE-RDC) dans le cadre de son Programme de Sensibilisation sur les Risques Naturels en RDC (PSRN-RDC)

AVERTISSEMENT: le contenu de ce document n'engage pas les partenaires du BEGE-RDC ni les organisations dont il est membre

EDITEUR: Indépendant

EDITION: Juillet 2020

PSRN-RDC: Le Programme de Sensibilisation sur les Risques Naturels en RDC est une initiative du BEGE-RDC visant à contribuer au développement de la culture du risque afin de réduire la vulnérabilité de la population face aux risques majeurs en RDC

BEGE-RDC: Le Bureau d'Etude Géologique et Environnementale en RDC (Environmental and Geological Consulting Office in DRC) est une organisation non gouvernementale, membre de la SDSN-Youth (UN Sustainable Development Solution Network Youth Initiative), ayant pour mission de contribuer à la gestion rationnelle des ressources naturelles et la protection de l'environnement en République Démocratique du Congo.

# SOMMAIRE

# INTRODUCTION

Les risques de catastrophes peuvent avoir lieu n'importe où et  à n'importe quel moment. Le meilleur moyen d'y faire face et de s'assurer que vous et votre famille seront en sécurité est de bien se préparer avant l'occurrence du danger. La planification et la préparation au risque peuvent paraitre complexes. Cependant, elle est simple par rapport à ce que l'on peut penser. En suivant quelques étapes simples maintenant, vous pouvez être à mesure de protéger votre famille, s'assurer que vos enfants sont en sécurité et mieux organiser le retour à la normale après une catastrophe.

Les risques naturels et anthropiques peuvent tous nous affecter. Même si chaque type de risque requiert des connaissances spécifiques pour mieux y faire face, chaque famille a besoin de se préparer à sa manière. Il est essentiel que toutes les familles aient des informations qui peuvent les aider à mieux se comporter en cas de risque. C'est ainsi que nous vous encourageons de vous informer, de faire un plan, de préparer un kit d'urgence et de mettre en pratique votre plan.

Ce guide contient des informations générales et une marche à suivre  pour la mise en place d'un plan familial de préparation aux risques majeurs. En appliquant ce plan, cela vous permettra d'être prêt en cas de risque. Ce guide vous assistera dans la mise en place de votre plan d'urgence, la préparation d'un kit d'urgence et va vous procurez des connaissances sur la préparation aux risques pour votre faille.

# Etape I

# S'INFORMER

# S'INFORMER

Il est de votre responsabilité de connaitre ce qu'il faut faire avant, pendant et après un évènement majeur. C'est aussi essentiel pour votre propre protection.

La première étape est de vous informer sur les risques majeurs qui peuvent avoir lieu dans votre milieu et de connaitre les consignes de bonne conduite à suivre avant, pendant et après l'évènement. Faites une synthèse de ces informations dans un tableau afin de bien vous en rappeler.

Avant que le risque n'ait lieu, réunissez les membres de votre famille afin de discuter sur les risques possibles qui peuvent survenir dans votre milieu, renseignez-vous s'il existe un système d'alerte dans votre communauté, renseignez-vous comment est-ce que vous pouvez aider les personnes avec des besoins spécifiques, trouver les plans de gestion de risque dans les endroits où les membres de votre famille passent leur temps (école, milieu de travail).

Chaque risque majeur a des consignes spécifiques à suivre mais dans tous le cas de danger ou d'alerte, suivez ces consignes:

- ❑ Eviter les zones de danger
- ❑ Ecoutez la radio pour suivre l' évolution de la situation et attendez les consignes des autorités.
- ❑ Appliquez les consignes de sécurité diffusées par les autorités
- ❑ Téléphonez uniquement en cas d'urgence afin de libérer les lignes pour les services de secours
- ❑ Gardez en main votre kit de sûreté

## RISQUES MAJEURS

| Risque | Consigne de bonne conduite |
|---|---|
| Inondation | - Fermez les arrivées de gaz et d'électricité<br>- Fermez les portes, fenêtres, soupiraux, aérations.<br>-Gagnez immédiatement les hauteurs<br>-Ne conduisez pas votre voiture dans les zones submerge |
| Feu de forêt | -<br>-<br>-<br>-<br>- |
| Séisme | -<br>-<br>-<br>-<br>- |
| Eruption volcanique | -<br>-<br>-<br>-<br>- |
| Pénurie d'eau | -<br>-<br>-<br>-<br>- |

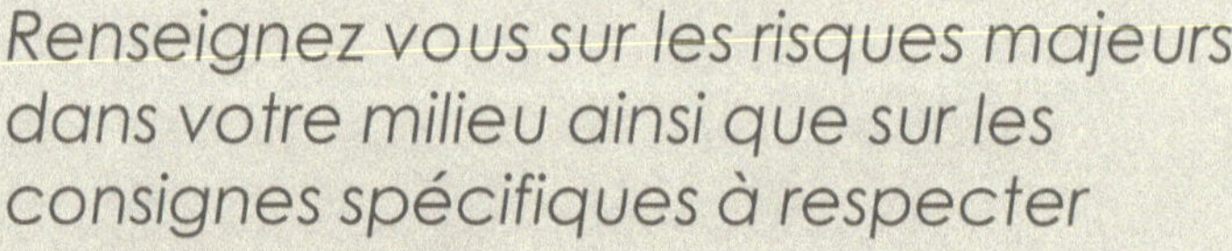



## RISQUES MAJEURS

| Risque | Consigne de bonne conduite |
|---|---|
| Chaleur extrême | -<br>-<br>-<br>-<br>- |
| Glissement de terrain | -<br>-<br>-<br>-<br>- |
| Tsunami | -<br>-<br>-<br>-<br>- |
| Cyclone | -<br>-<br>-<br>-<br>- |
| Tempête | -<br>-<br>-<br>-<br>- |

## RISQUES MAJEURS

| Risque | Consigne de bonne conduite |
| --- | --- |
| Avalanche | -<br>-<br>-<br>-<br>- |
| industriel | -<br>-<br>-<br>-<br>- |
| Nucléaire | -<br>-<br>-<br>-<br>- |
| Transport de matière dangereuse | -<br>-<br>-<br>-<br>- |
| Rupture de barrage | -<br>-<br>-<br>-<br>- |

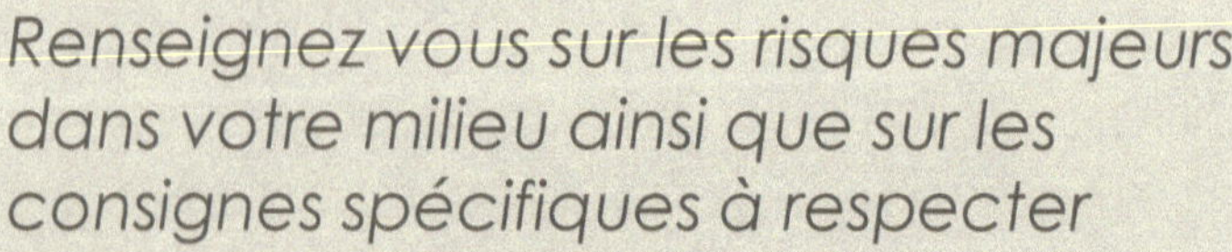


## RISQUES MAJEURS

| Risque | Consigne de bonne conduite |
| --- | --- |
| Submersion marine | -<br>-<br>-<br>-<br>- |
| Tsunami | -<br>-<br>-<br>-<br>- |
| Canicule | -<br>-<br>-<br>-<br>- |
| Grand froid | -<br>-<br>-<br>-<br>- |
| Pollution marine | -<br>-<br>-<br>-<br>- |

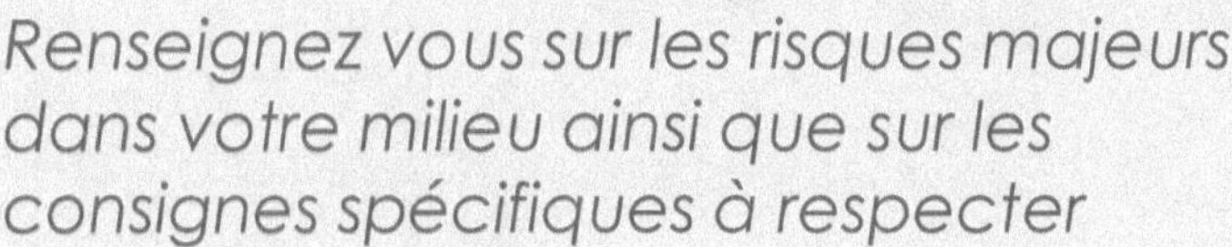



## RISQUES MAJEURS

| Risque | Consigne de bonne conduite |
| --- | --- |
|  | -<br>-<br>-<br>-<br>- |
|  | -<br>-<br>-<br>-<br>- |
|  | -<br>-<br>-<br>-<br>- |
|  | -<br>-<br>-<br>-<br>- |
|  | -<br>-<br>-<br>-<br>- |

Étape II

# IDENTIFIER LES RISQUES POTENTIELS DANS VOTRE HABITATION

# IDENTIFIER LES RISQUES POTENTIELS DANS VOTRE HABITATION

## Assurez vous que votre habitation est sûr.

Une étape importante dans la préparation de votre famille à faire face aux risques est d'identifier les risques potentiels dans votre habitation. Dès que les risque sont identifiées, il est alors possible de faire votre maison un endroit sûr. Pour ce faire, il faut faire une investigation des risques dans votre maison en utilisant le check liste fournit dans ce document. Dans ce cas précis, le risque potentiel concerne toute chose qui peut se déplacer, se casser, tomber, bruler, etc. Apres avoir identifié ce qu'il faut faire pour y remédier, créer un plan et l'appliquer.

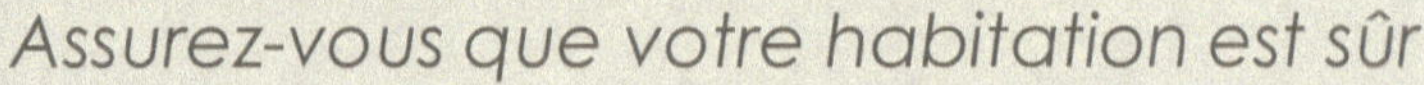

## CHECK LISTE POUR SE PREPARER AUX RISQUES POTENTIELS

# LES CHAMBRES

- [ ] S'assurer que la couverture des pavements est proprement sécurisée afin d'éviter le risque d'y glisser
- [ ] S'assurer que les sorties des chambres ne sont pas obstruées
- [ ] Garder les produits toxiques et les médicaments hors de la portée des enfants
- [ ] Remplacer les bouteilles en verre par des contenants en plastique clairement labélisées
- [ ] Ne jamais fumer lorsque vous êtes au lit

# ELECTRICITE

- [ ] Eviter d'utiliser des câbles d'extension
- [ ] Brancher uniquement un seul appareil de production de l'énergie sur la prise électrique
- [ ] S'assurer que les câbles électriques sont placés sous un tapis épais
- [ ] Remplacer les câbles électriques, les sockets et prises électriques qui sont endommagés
- [ ] Utiliser les ampoules avec une puissance adéquate
- [ ] Vérifiez les fusibles pour un ampérage correct

**CHECK LISTE POUR SE PREPARER AUX RISQUES POTENTIELS**

## CUISINE

- [ ] **Porter des habits confortables lorsque vous cuisinez**
- [ ] **Ne laisser pas la nourriture sans suivi lorsque vous préparer**
- [ ] **Garder le foyer propre**
- [ ] **Garder le couvercle de casserole en cas de feu**
- [ ] **Garder les couteaux hors de la portée des enfants**

## GARAGE

- [ ] **Ne garder pas le carburant à l'intérieur de votre habitation**
- [ ] **Garder les liquides inflammables dans les contenant original et garder les loin des sources de chaleur ou flamme**

## AUX ALENTOURS DE VOTRE HABITATION

- [ ] **Dégager les végétations sèches a proximités de votre habitation**
- [ ] **Utiliser les grilles de barbecue loin des maisons et de la végétation**
- [ ] **Garder les briquettes des barbecues dans des contenants métalliques et non dans les papiers ou sac en plastiques**

## EQUIPEMENT D'ENERGIE

- [ ] **Nettoyer les cheminées annuellement**
- [ ] **Garder les cendres dans des contenants métalliques**

## CHECK LISTE POUR SE PREPARER AUX RISQUES POTENTIELS

# DETECTEUR DE FUME

- ☐ Installer des détecteurs de fumée à chaque niveau de votre bâtiment
- ☐ Tester chaque détecteur au moins une fois par mois
- ☐ Remplacer les batteries de chaque détecteur au moins deux fois par an

# EXTINCTEUR DE FEU

- ☐ Vérifiez que chaque extincteur est maintenu et est dans une zone accessible
- ☐ S'assurer que chaque occupant sait comment utiliser l'extincteur de feu
- ☐ Garder l'extincteur de feu dans la cuisine, le garage et dans la cave

# DETECTEUR DE MONOXIDE DE CARBONE

- ☐ Installer au moins un détecteur de monoxyde de carbone avec une alarme audible à proximité des chambres à coucher
- ☐ Inviter un professionnel pour vérifier annuellement les appareils utilisant les combustibles, le système de ventilation et le système de cheminée
- ☐ N'utiliser jamais votre fourneau pour chauffer votre maison et ne jamais utiliser les grilles à charbon dans des endroits non ventilée
- ☐ Ne jamais laisser le moteur de votre voiture en état allumé dans votre garage

# Etape III
# FAIRE UN PLAN

# FAIRE UN PLAN

## Mettez en place votre Plan Familial avec vos proches et réalisez des exercices afin de ne pas être pris au dépourvu.

Pour ne pas être pris au dépourvu, réunissez les membres de votre famille afin d'élaborer votre plan familial de sûreté. Il est essentiel de faire ce plan afin de bien préparer votre famille en cas d'événement majeur, d'apprendre à respecter les consignes de sécurité pendant l'événement, d'attendre le plus sereinement possible l'arrivée des secours, d'établir et ainsi mieux connaître les itinéraires d'évacuation,  choisir à l'avance les lieux les plus sûrs de mise à l'abri et mieux gérer la fin d'un événement et le retour à la normale.

Vous devez discuter sur les moyens de communication, d'évacuation et de rassemblement. Votre plan familial doit aussi tenir compte de la vulnérabilité de votre habitation face aux risques. Vous devez aussi planifier comment prendre soin des animaux de compagnie en cas de risque. Les membres de la famille devront aussi discuter sur ce qu'il faudra faire pour évacuer et sur le choix du lieu de rassemblement. Pour ce qui est du lieu de rassemblement, il est essentiel de choisir deux places: une place en dehors de votre habitation dans le cas où une urgence survient soudainement et une place en dehors de votre voisinage dans le cas où vous ne pouvez pas retourner dans votre habitation. Lors de votre planification, choisissez aussi des personnes ressources à contacter en cas d'urgence. Sélectionner les documents importants que vous devez préserver. Il est aussi adéquat de maintenir l'assurance de votre habitation, d'installer les extincteurs et des détecteurs de CO dans votre maison. Durant cette phase de planification, il faut s'assurer que chaque membre de la famille connait comment et quand interrompre l'eau, le gaz et l'électricité. Votre plan devra contenir les informations sur les moyens et les modalités de communication, de transport, d'évacuation et de réunification.

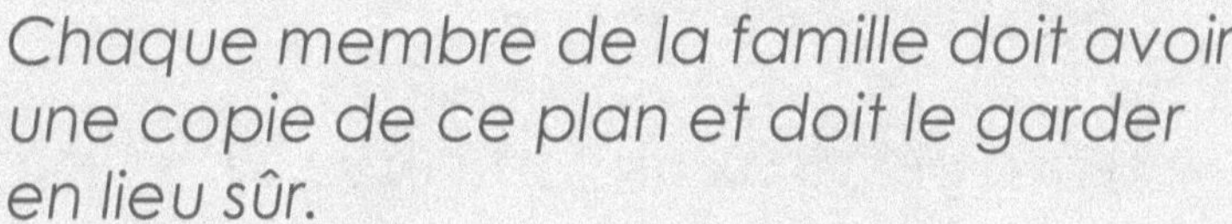



## PLAN FAMILIAL

| | |
|---|---|
| Nom de la personne à contacter en cas d'urgence | |
| Numéro de téléphone | |
| Adresse | |
| Place de rassemblement dans le voisinage | |
| Numéro de téléphone | |
| Adresse | |
| Lieu d'évacuation | |
| Numéro de téléphone | |
| Adresse | |
| Contact en dehors de la ville | |
| Numéro de téléphone | |
| Adresse | |

*Autres informations utiles*

## PLAN DE COMMUNICATION POUR LES ENFANTS

| | |
|---|---|
| Adresse | |
| Parent | |
| Téléphone | |
| | |
| Voisin | |
| Adresse | |
| Téléphone | |

| | |
|---|---|
| Adresse | |
| Parent | |
| Téléphone | |
| | |
| Voisin | |
| Adresse | |
| Téléphone | |

| | |
|---|---|
| Adresse | |
| Parent | |
| Téléphone | |
| | |
| Voisin | |
| Adresse | |
| Téléphone | |

## PLAN DE COMMUNICATION POUR LES ENFANTS

| | |
|---|---|
| Adresse | |
| Parent | |
| Téléphone | |
| | |
| Voisin | |
| Adresse | |
| Téléphone | |

| | |
|---|---|
| Adresse | |
| Parent | |
| Téléphone | |
| | |
| Voisin | |
| Adresse | |
| Téléphone | |

| | |
|---|---|
| Adresse | |
| Parent | |
| Téléphone | |
| | |
| Voisin | |
| Adresse | |
| Téléphone | |

## INFORMATION SUR LES MEMBRES DE LA FAMILLE

| | |
|---|---|
| Noms | |
| Numéros de sécurité sociale | |
| Date de naissance | |
| Numéros de téléphone | |
| Adresse du lieu de travail/école | |
| Lieu d'évacuation | |
| Information médicale importante | |

| | |
|---|---|
| Noms | |
| Numéros de sécurité sociale | |
| Date de naissance | |
| Numéros de téléphone | |
| Adresse du lieu de travail/école | |
| Lieu d'évacuation | |
| Information médicale importante | |

| | |
|---|---|
| Noms | |
| Numéros de sécurité sociale | |
| Date de naissance | |
| Numéros de téléphone | |
| Adresse du lieu de travail/école | |
| Lieu d'évacuation | |
| Information médicale importante | |

## INFORMATION SUR LES MEMBRES DE LA FAMILLE

| | |
|---|---|
| Noms | |
| Numéros de sécurité sociale | |
| Date de naissance | |
| Numéros de téléphone | |
| Adresse du lieu de travail/école | |
| Lieu d'évacuation | |
| Information médicale importante | |

| | |
|---|---|
| Noms | |
| Numéros de sécurité sociale | |
| Date de naissance | |
| Numéros de téléphone | |
| Adresse du lieu de travail/école | |
| Lieu d'évacuation | |
| Information médicale importante | |

| | |
|---|---|
| Noms | |
| Numéros de sécurité sociale | |
| Date de naissance | |
| Numéros de téléphone | |
| Adresse du lieu de travail/école | |
| Lieu d'évacuation | |
| Information médicale importante | |

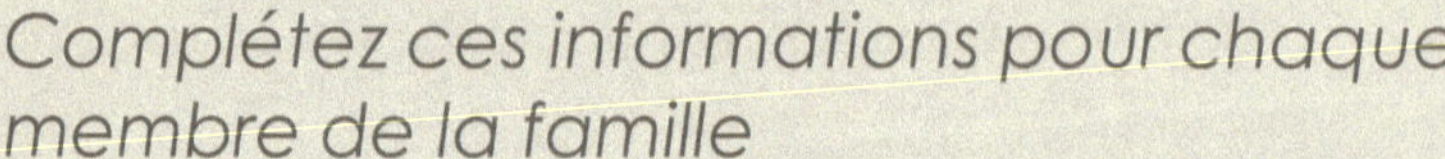



## INFORMATION SUR LES MEMBRES DE LA FAMILLE

| Noms | |
| --- | --- |
| Numéros de sécurité sociale | |
| Date de naissance | |
| Numéros de téléphone | |
| Adresse du lieu de travail/école | |
| Lieu d'évacuation | |
| Information médicale importante | |

| Noms | |
| --- | --- |
| Numéros de sécurité sociale | |
| Date de naissance | |
| Numéros de téléphone | |
| Adresse du lieu de travail/école | |
| Lieu d'évacuation | |
| Information médicale importante | |

| Noms | |
| --- | --- |
| Numéros de sécurité sociale | |
| Date de naissance | |
| Numéros de téléphone | |
| Adresse du lieu de travail/école | |
| Lieu d'évacuation | |
| Information médicale importante | |

## INFORMATION SUR LES MEMBRES DE LA FAMILLE

| | |
|---|---|
| Noms | |
| Numéros de sécurité sociale | |
| Date de naissance | |
| Numéros de téléphone | |
| Adresse du lieu de travail/école | |
| Lieu d'évacuation | |
| Information médicale importante | |

| | |
|---|---|
| Noms | |
| Numéros de sécurité sociale | |
| Date de naissance | |
| Numéros de téléphone | |
| Adresse du lieu de travail/école | |
| Lieu d'évacuation | |
| Information médicale importante | |

| | |
|---|---|
| Noms | |
| Numéros de sécurité sociale | |
| Date de naissance | |
| Numéros de téléphone | |
| Adresse du lieu de travail/école | |
| Lieu d'évacuation | |
| Information médicale importante | |

## INFORMATIONS SUR L'ECOLE

| Ecole | |
|---|---|
| Adresse | |
| Téléphone | |
| Facebook | |
| Twiter | |
| Lieu d'évacuation | |

| Ecole | |
|---|---|
| Adresse | |
| Téléphone | |
| Facebook | |
| Twiter | |
| Lieu d'évacuation | |

| Ecole | |
|---|---|
| Adresse | |
| Téléphone | |
| Facebook | |
| Twiter | |
| Lieu d'évacuation | |

| Ecole | |
|---|---|
| Adresse | |
| Téléphone | |
| Facebook | |
| Twiter | |
| Lieu d'évacuation | |

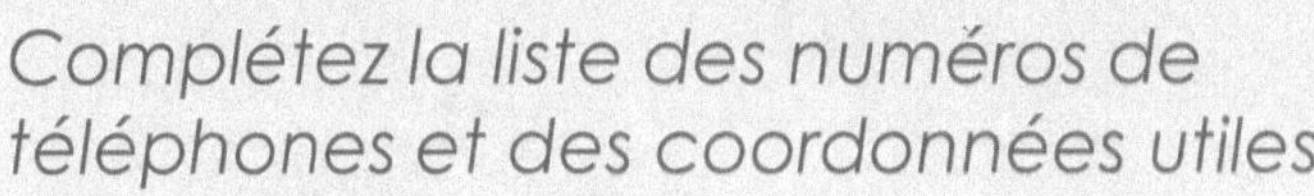


## LES COORDONNEES UTILES

| | |
|---|---|
| LES NUMEROS D'URGENCE | |
| SAPEURS POMPIERS : | |
| SAMU : | |
| POLICE ou GENDARMERIE : | |
| N° unique d'appel d'urgence : | |
| LES COORDONNEES UTILES | |
| MAIRIE : | |
| Relais de quartier : | |
| Service des Eaux : | |
| Assurance : | |
| Personnes et points familiaux de contacts: | |
| | |
| | |
| | |
| Médecin traitant : | |
| École(s) /Collèges/Lycée des enfants: | |
| | |
| | |
| | |
| Hôpital / Clinique : | |
| | |
| | |
| | |
| Autres numéros utiles : | |
| | |
| | |
| | |
| LES RADIOS A ECOUTER | Fréquences |
| | |
| | |
| | |

## CONTACT MEDICAL ET INFORMATIONS SUR L'ASSURANCE

| | |
|---|---|
| Docteur | |
| Adresse | |
| Téléphone | |
| Docteur | |
| Adresse | |
| Téléphone | |

| | |
|---|---|
| Pharmacien | |
| Adresse | |
| Téléphone | |
| Pharmacien | |
| Adresse | |
| Téléphone | |

| | |
|---|---|
| Vétérinaire | |
| Adresse | |
| Téléphone | |
| Vétérinaire | |
| Adresse | |
| Téléphone | |

| | |
|---|---|
| Assurance médical | |
| Téléphone | |
| N° | |
| Assurance de l'habitation | |
| Téléphone | |
| N° | |

*Complétez la liste des numéros de téléphones et des coordonnées utiles*

## LES SERVICES UTILES

| Sapeur-pompier | |
|---|---|
| Nom | |
| N° unique d'appel d'urgence : | |
| N° d'appel (bureau) | |

| Service Médical d'urgence | |
|---|---|
| Nom | |
| N° unique d'appel d'urgence : | |
| N° d'appel (bureau) | |

| HOPITAL | |
|---|---|
| Nom | |
| N° unique d'appel d'urgence : | |
| N° d'appel (bureau) | |

| Division de santé | |
|---|---|
| Nom | |
| N° unique d'appel d'urgence : | |
| N° d'appel (bureau) | |

| Sécurité civile | |
|---|---|
| Nom | |
| N° unique d'appel d'urgence : | |
| N° d'appel (bureau) | |

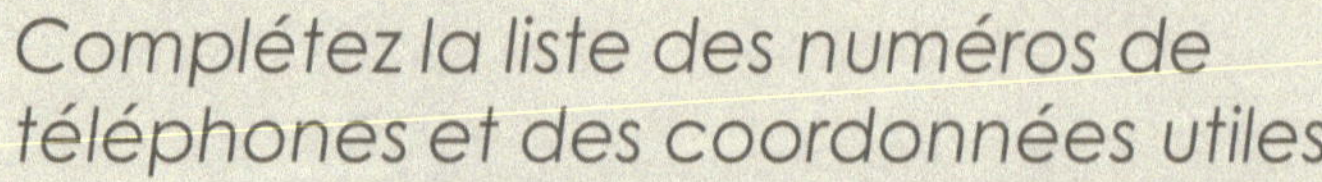


## LES SERVICES UTILES

| Division de l'environnement | |
|---|---|
| Nom | |
| N° unique d'appel d'urgence : | |
| N° d'appel (bureau) | |

| Electricien | |
|---|---|
| Nom | |
| N° unique d'appel d'urgence : | |
| N° d'appel (bureau) | |

| Plombier | |
|---|---|
| Nom | |
| N° unique d'appel d'urgence : | |
| N° d'appel (bureau) | |

| Service de nettoyage | |
|---|---|
| Nom | |
| N° unique d'appel d'urgence : | |
| N° d'appel (bureau) | |

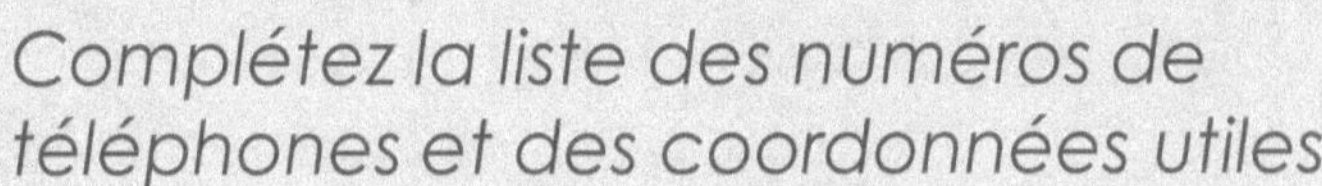



## MISE EN SECURITE DE L'HABITATION : EAU

| | |
|---|---|
| Emplacement du robinet d'arrivée principal: | |
| Consignes d'arrêt : | |
| N° de téléphone des services de l'eau: | |
| (Photo/Croquis du robinet avec sens de fermeture...) | |
| Lieu de rangement de notre sac d'urgence : | |

## MISE EN SECURITE DE L'HABITATION : GAZ

| | |
|---|---|
| Emplacement du robinet d'arrivée principal: | |
| Consignes d'arrêt : | |
| N° de téléphone d'urgence Gaz: | |
| (Photo/Croquis du robinet avec sens de fermeture...) | |
| Lieu de rangement de notre sac d'urgence : | |

# Complétez la liste des numéros de téléphones et des coordonnées utiles

## MISE EN SECURITE DE L'HABITATION : ELECTRICITE

| | |
|---|---|
| Emplacement du disjoncteur: | |
| Consignes d'arrêt : | |
| N° de téléphone d'urgence électricité: | |
| (Photo/Croquis du robinet avec sens de fermeture...) | |
| Lieu de rangement de notre sac d'urgence : | |

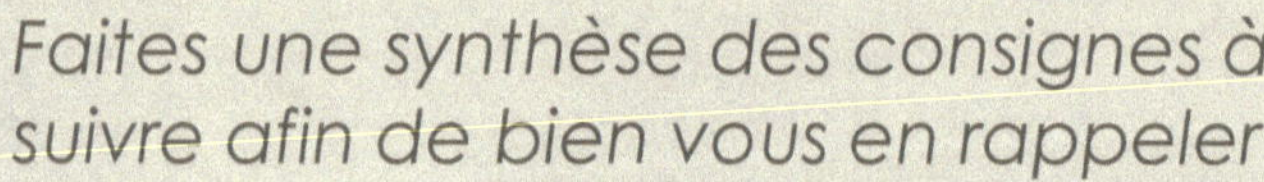


## MISE A L'ABRIT

| Face au (x) risque (s) | Lieu de mise à l'abri choisi | Les actions à réaliser avant de rejoindre le lieu choisi |
|---|---|---|
|  |  |  |
|  |  |  |
|  |  |  |
|  |  |  |
|  |  |  |

## EVACUATION

| Face au(x) RISQUE(S) | Lieux d'évacuation | Les actions à réaliser avant de quitter mon domicile. |
| --- | --- | --- |
|  |  |  |
| Itinéraire à emprunter : |  |  |
|  |  |  |
| Itinéraire à emprunter : |  |  |
|  |  |  |
| Itinéraire à emprunter : |  |  |
|  |  |  |
| Itinéraire à emprunter : |  |  |

# Etape IV

# PREPARER UN KIT DE SURETE

# PREPARER UN KIT DE SURETE
## Chaque 6 mois, mettez à jour votre kit de sûreté

Suite à une catastrophe, vous pouvez être obligé d'évacuer immédiatement dans un bref délai. C'est pourquoi il est nécessaire d'avoir un kit d'urgence. Ce Kit d'urgence devra contenir les objets nécessaires dont vous aurez besoin en cas d'urgence pour un minimum de 3 jours lors d'une mise en abris ou en cas d'évacuation. Chaque kit de préparation au risque devra tenir compte des besoins spécifiques de chaque membre de la famille. N'oubliez pas aussi d'y inclure les documents importants de vos membres de famille. Préparez votre kit d'urgence et le placer dans un endroit facile d'accès comme un placard proche de l'entrée principal de votre maison. Le contenant de votre kit devra être facile à transporter. Pour cela il faut utiliser par exemple un sac à dos de sport solide. Chaque six mois, vérifiez votre Kit afin de remplacer les contenus périssables ou expiré comme par exemple: la nourriture qui est déjà expirée, les équipements des enfants comme les habits (les enfants auront grandi) et mettez à jour les données médicales des membres de votre famille ayant des besoins spécifiques. Votre Kit de sûreté devra tenir compte du nombre des personnes présents dans votre foyer. Ce Kit devra contenir au minimum:

❑ Votre plan familial de sûreté
❑ Une lampe de poche
❑ Des bougies et allumettes,
❑ Des gilets fuos jaunes,
❑ Une radio à piles
❑ La nourriture et l'eau,
❑ Des couvertures et vêtements,
❑ Papiers personnels,
❑ Trousse médical de premier secours
❑ Médicaments.

## CHECK LISTE POUR LA CONSTITUTION D'UN KIT D'URGENCE

- [ ] Eau : 6 litres d'eau par personne
- [ ] Nourriture, au moins une provision de trois jours de nourriture non périssable consommant peu d'eau et n'ayant pas besoin d'être cuits (Exemples : conserves, fruits secs, barres énergétiques,
- [ ] petits pots pour bébé...).
- [ ] Batterie chargeable pour le poste radio
- [ ] Lampe torche et piles supplémentaire
- [ ] Un kit médical de premier secours
- [ ] Un sifflet pour signaler en cas de besoin d'aide
- [ ] Papier hygiénique et produits d'hygiène personnelle pour toute la famille
- [ ] Cache nez ou masque en coton
- [ ] Gilet réflecteur
- [ ] Couverture et sac de couchage
- [ ] Vêtements et chaussures de rechanges
- [ ] Lunette de protection
- [ ] Des ustensiles de base: couteau de poche multifonction, ustensiles de camping, bougies avec allumettes ou briquet..
- [ ] Une radio
- [ ] Les médicaments spécifiques
- [ ] Un téléphone portable avec une batterie chargée
- [ ] Un Chéquier ou carte bancaire
- [ ] Désinfectant
- [ ] Une tente
- [ ] Des copies des documents familiaux importants

# Etape V

# METTEZ VOTRE PLAN EN PRATIQUE

# METTEZ VOTRE PLAN EN PRATIQUE

## Pratiquez votre plan et maintenez à jours votre kit de sûreté.

- ❑ Chaque six mois, interrogez vos enfants sur le contenu de votre plan afin qu'ils puissent se rappeler de ce qu'il faudra faire en cas d'urgence,
- ❑ Chaque six mois, remplacer les produits périssables contenus dans votre kit d'urgence (eau, nourriture, médicaments)
- ❑ Tester et recharger votre extincteur de feu selon les recommandations du fournisseur
- ❑ Laisser vos enfants vous assister ou regarder ce que vous faires lorsque vous tester votre alarme de détecteur de fumée. Si possible, vous pouvez le faire chaque mois. Ceci permettra à vos enfants de bien se rappeler du son de cette alarme
- ❑ Tester votre détecteur de fumé et de monoxyde de carbone chaque mois
- ❑ Changer les batteries de ces détecteurs au moins une fois par an
- ❑ Montrer à vos enfants l'endroit où se trouve l'extincteur de feu et montrez le comment l'utiliser
- ❑ Parler avec les responsables de l'école de vos enfants afin de savoir le plan de gestion de risque de l'école
- ❑ Faites du volontariat dans votre communauté et dans les associations dont les activités sont en lien avec la gestion des risques
- ❑ Faites une formation sur l'aide de premier secours
- ❑ Evaluez la vulnérabilité de votre habitation
- ❑ Pratiquez votre plan familial de sûreté

# CONCLUSION

Le meilleur moyen de faire face aux risques de catastrophes est la prévention. Pour cela, il est du devoir de tout un chacun d'avoir de connaissance sur les risques naturels qui peuvent avoir lieu dans son milieu et les moyens de s'en prévenir.

Quatre étapes sont nécessaires dans cette démarche:
- La recherche de l'information concernant les risques,
- La préparation d'un plan de sûreté,
- La préparation d'un kit d'urgence,
- La mise en application de ce plan et le maintien de son kit d'urgence.

L'un des meilleurs moyens pour faire face aux risques de catastrophes est la prévention. De ce fait, il est du devoir de tout un chacun d'avoir des connaissances sur les risques qui peuvent avoir lieu dans son milieu et les moyens de s'en prévenir.

Quatre étapes sont nécessaires dans cette démarche:

•La recherche de l'information concernant les risques,

•La préparation d'un plan de sûreté,

•La préparation d'un kit d'urgence,

•La mise en application de ce plan et le maintien de son kit d'urgence.

Ce guide aborde tous ces aspects. Il contient des fiches thématiques et des check listes qui peuvent être utilisés afin de favoriser la mise en place rapide d'un Plan Familial de Mise en Sûreté. Ces fiches faciliteront particulièrement la mise en place d'un plan de communication, d'un plan d'évacuation et d'un plan de réunification en cas d'urgence. Les checklists faciliteront la constitution un kit de sûreté et l'identification des risques potentiels dans votre habitation.

BEGE-RDC